Para:

Cc/Cco:

Assunto:

@caixadesaida
cristina minioli rioto

pra onde vai
o que não se envia

CA—DE
XA
DE
DA
SAÍ

cristina minioli rioto

Crivo

Para Soraya,
nascente de tudo o que eu sou.

*Não há agonia maior do que carregar uma
história não contada dentro de você.*

MAYA ANGELOU

Para:

Cc/Cco:

Assunto:

o que fica por ser dito
diz muita coisa

Para:

Cc/Cco:

Assunto:

a desordem
é sincera

Para:

Cc/Cco:

Assunto:

questionar as regras
que eu mesma inventei

Para:

Cc/Cco:

Assunto:

desaprender caminhos
leva tempo

Para:

Cc/Cco:

Assunto:

acostumar a crescer
depois de grande

Para:

Cc/Cco:

Assunto:

pra cada lugar que a gente se despede
tem outro fazendo festa pra nos receber

Para:

Cc/Cco:

Assunto:

talvez
o desenho do mapa se faça
a cada passo
que a gente dá

Para:

Cc/Cco:

Assunto:

é tão bonito assistir à tentativa

Para:

Cc/Cco:

Assunto:

a gente não para de se tornar
quem a gente é

Para:

Cc/Cco:

Assunto:

te escrevo do futuro
e rogo por sua coragem para imaginar

Para:

Cc/Cco:

Assunto:

na menor abertura
há espaço

Para:

Cc/Cco:

Assunto:

o sonho desconhece fronteiras

Para:

Cc/Cco:

Assunto:

voar é aceitar flertar com a queda

Para:

Cc/Cco:

Assunto:

o que você encontra
quando tira o medo da frente?

Para:	
Cc/Cco:	
Assunto:	

pra minha jornada
eu desejo fúria e delicadeza
pra sua também

Para:

Cc/Cco:

Assunto:

construir pontes
com as palavras
que não me atrevo
a atravessar

Para:

Cc/Cco:

Assunto:

escutar com a pele

Para:

Cc/Cco:

Assunto:

deixar dos olhos
pingar tudo
até regar um novo caminho

Para:

Cc/Cco:

Assunto:

qual caminho faz a lágrima
antes de pingar do nosso olhar?

Para:

Cc/Cco:

Assunto:

sempre passa pelo corpo
e às vezes
fica

Para:

Cc/Cco:

Assunto:

a saída
é sentir

Para:

Cc/Cco:

Assunto:

só fica intacto
o que não se entrega
ao toque

Para:

Cc/Cco:

Assunto:

tem gente que encosta na gente por dentro

Para:

Cc/Cco:

Assunto:

minha voz sai do estômago
toda vez
que é pra falar
de você

Para:

Cc/Cco:

Assunto:

amar
sempre vai ser fatal

Para:

Cc/Cco:

Assunto:

gosto de esquecer de você
só pra lembrar outra vez

Para:

Cc/Cco:

Assunto:

o encontro é irreversível

Para:

Cc/Cco:

Assunto:

desencontro
é encontro
em outro lugar

Para:

Cc/Cco:

Assunto:

nossos mapas também se perdem

Para:

Cc/Cco:

Assunto:

ajustar as lentes

lembrar que o olhar
muda com o tempo

Para:

Cc/Cco:

Assunto:

conhecer novos lados
das nossas memórias

Para:

Cc/Cco:

Assunto:

as mesmas palavras
ditas de outro jeito
talvez não sejam mais as mesmas

Para:

Cc/Cco:

Assunto:

às vezes
a gente foca tanto
que até distorce

Para:

Cc/Cco:

Assunto:

gosto de quem provoca
o que eu achava
que sabia

Para:

Cc/Cco:

Assunto:

quantos recortes
costuram uma história?

Para:

Cc/Cco:

Assunto:

o que não passa com o tempo
passa por onde?

Para:

Cc/Cco:

Assunto:

de tudo o que volta
qual será a parte
que nunca foi embora?

Para:

Cc/Cco:

Assunto:

tem espaço
que a palavra
não consegue ocupar

Para:

Cc/Cco:

Assunto:

crio com tudo o que sou
e principalmente
com o que me falta

Para:

Cc/Cco:

Assunto:

questionar o que te faz ficar
te mantém aqui
ou faz partir?

Para:

Cc/Cco:

Assunto:

saber
não tem volta

Para:

Cc/Cco:

Assunto:

saber a hora de parar
talvez seja um bom começo

Para:

Cc/Cco:

Assunto:

tem barulho que a gente só escuta
quando faz silêncio

Para:

Cc/Cco:

Assunto:

pra recuperar a própria voz
a gente precisa se ouvir

Para:

Cc/Cco:

Assunto:

vão
é espaço vazio

é ir embora
no plural

Para:

Cc/Cco:

Assunto:

tem dia que dura a vida inteira

Para:

Cc/Cco:

Assunto:

salas vazias
parecem maiores

Para:

Cc/Cco:

Assunto:

me disfarço de excesso
pra correr da falta

Para:

Cc/Cco:

Assunto:

dentro de casa
esbarro em mim o tempo todo

Para:

Cc/Cco:

Assunto:

desculpe a bagunça
tive que aprender a me despedir
de muita coisa ao mesmo tempo

Para:

Cc/Cco:

Assunto:

te escrevo com o que sobrou de mim

Para:

Cc/Cco:

Assunto:

tem linha que embaraça
só pra gente lembrar
onde ela começou

Para:

Cc/Cco:

Assunto:

qual será o exato momento
em que o final
toca o começo?

Para:

Cc/Cco:

Assunto:

a direção do olhar
é uma ponte

Para:

Cc/Cco:

Assunto:

escolher quais caminhos
percorrer por dentro
também é navegar

Para:

Cc/Cco:

Assunto:

não temer o fim da história
se quem está escrevendo
sou eu

Para:

Cc/Cco:

Assunto:

tirar da frente a ânsia de saber

se eu só deixasse ser
saberia

Para:

Cc/Cco:

Assunto:

essa busca incessante pelo equilíbrio
é o que me faz perdê-lo

Para:

Cc/Cco:

Assunto:

não conseguir enxergar adiante
talvez seja um convite
para estar aqui

Para:

Cc/Cco:

Assunto:

achar o céu das coisas

Para:

Cc/Cco:

Assunto:

abocanhar a vida
como se fosse tudo o que me resta

Para:

Cc/Cco:

Assunto:

ter a certeza
de que as nuvens sempre mudam de lugar

Para:

Cc/Cco:

Assunto:

lavar as mãos
antes de tocar os sonhos

Para:

Cc/Cco:

Assunto:

a gente também precisa da fantasia
olhar no olho do mundo
às vezes não dá pé

Para:

Cc/Cco:

Assunto:

hoje cedo
no varal de casa
assisti ao vento
tirando a cortina pra dançar

Para:

Cc/Cco:

Assunto:

peguei o vento emprestado
pra te enviar um beijo

Para:

Cc/Cco:

Assunto:

pra onde vai a estrela cadente
com toda essa pressa?

Para:

Cc/Cco:

Assunto:

qual será a próxima música
que nossas memórias
vão inaugurar?

Para:

Cc/Cco:

Assunto:

quantas estrelas cabem
no céu da boca?

Para:

Cc/Cco:

Assunto:

qual será a temperatura do coração
quando a gente sente frio na barriga?

Para:

Cc/Cco:

Assunto:

o que rega
a flor da pele?

Para:

Cc/Cco:

Assunto:

será que os meus sonhos
me sonham de volta?

Para:

Cc/Cco:

Assunto:

qual é a cor da sua memória favorita?

Para:

Cc/Cco:

Assunto:

fazer festa
para o que eu quero ver chegar

Para:

Cc/Cco:

Assunto:

inaugurar estradas
sem sair de casa

Para:

Cc/Cco:

Assunto:

medir as palavras
com a precisão das estrelas

Para:

Cc/Cco:

Assunto:

toda vez que a gente fala de amor
um anjo acorda

Para:

Cc/Cco:

Assunto:

talvez
a palavra seja uma parte visível
do sentimento

Para:

Cc/Cco:

Assunto:

um fio de esperança
afiado

Para:

Cc/Cco:

Assunto:

pequenas importâncias
não são menos importantes

Para:

Cc/Cco:

Assunto:

o que fica pra sempre
costuma morar no detalhe

Para:

Cc/Cco:

Assunto:

fazer do cuidado
uma postura

Para:

Cc/Cco:

Assunto:

a sensibilidade vai salvar o mundo

Para:

Cc/Cco:

Assunto:

abrir toda a janela do carro
mesmo sabendo a bagunça que o vento vai fazer

vento na cara faz lembrar que estou viva
a bagunça também

Para:

Cc/Cco:

Assunto:

a gente tem medo do amor
porque sabe que ele é gigante

Para:

Cc/Cco:

Assunto:

aprendi com o mar
que onda grande
se atravessa mergulhando

Para:

Cc/Cco:

Assunto:

a grandeza da infância

emprestar a ponta da canga pra alguém
que ainda não sei o nome
mas que vai me ajudar a construir um castelo

Para:

Cc/Cco:

Assunto:

amizade é o nome da rua
que leva a gente pra casa

Para:

Cc/Cco:

Assunto:

acontece

às vezes a gente reconhece
antes mesmo de conhecer

Para:

Cc/Cco:

Assunto:

confiar no encontro

Para:

Cc/Cco:

Assunto:

sentir é a coisa mais importante da vida

Para:

Cc/Cco:

Assunto:

tem escuta que é casa

Para:

Cc/Cco:

Assunto:

quanto mais eu sinto
menos alcanço as palavras

Para:

Cc/Cco:

Assunto:

o que eu mais gosto de ler
não se escreve

Para:

Cc/Cco:

Assunto:

no meu sonho
vasculho lembranças
que nunca percorri

Para:

Cc/Cco:

Assunto:

é que eu sou do interior
eu gosto do lado de dentro das coisas

Para:

Cc/Cco:

Assunto:

e se o escuro
for um instrumento
para enxergar estrelas?

Para:

Cc/Cco:

Assunto:

eu prefiro enxergar você
em todas as coisas que vejo no mundo

Para:

Cc/Cco:

Assunto:

todos os campos vazios
escrevem para você

Para:

Cc/Cco:

Assunto:

tudo o que eu não te disse
dizia eu te amo

cristina minioli rioto

@caixadesaida

*à minha família, por acreditar em
mim incondicionalmente.*

*ao meu amor, Lucca, pelo olhar
mais generoso que já recebi.*

*às minhas amadas Fernanda, Tatiana, Luísa,
Thaís, Rel, Mariana, Caroline e amoras
mescladas, por nunca soltarem a minha mão.*

*aos meus afetos, por alimentarem as
histórias que escrevi e ainda vou escrever.*

*à Ana e à Lorena, pela delicadeza
do olhar com o meu trabalho.*

*à editora Crivo, por materializar
a minha caixa de saída.*

*e, por fim, aos leitores e leitoras do
@caixadesaida: endereçar meus sentimentos
a vocês nos trouxe até aqui. muito obrigada.*

caixa de saída: pra onde vai o que não se envia
© Cristina Minioli Rioto, 10/2022
Edição © Crivo Editorial, 10/2022

Edição e Revisão | Amanda Bruno de Mello
Capa, Projeto gráfico e diagramação | Luís Otávio Ferreira
Coordenação Editorial | Lucas Maroca de Castro

Dados Internacionais de Catalogação na
Publicação (CIP) de acordo com ISBD

R586c   Rioto, Cristina Minioli
Caixa de saída: pra onde vai o que não se envia / Cristina Rioto.
- Belo Horizonte, MG : Crivo Editorial, 2022.
116 p. ; 15cm x 15cm.
ISBN: 978-65-89032-45-8
1. Literatura brasileira. 2. Poesia. I. Título.
2022-3325   CDD 869.1   CDU 821.134.3(81)-1

Elaborado por Vagner Rodolfo da Silva - CRB-8/9410

Índice para catálogo sistemático:
1. Literatura brasileira : Poesia 869.1
2. Literatura brasileira : Poesia 821.134.3(81)-1